Annette Wieviorka

Mama, was ist Auschwitz?

Das Buch
Die 13-jährige Mathilde entdeckt auf dem linken Unterarm einer Bekannten eine mit blauer Tinte eintätowierte Nummer. Sie beginnt, ihre Mutter Annette Wieviorka offen und direkt nach der Vergangenheit zu fragen: Die beiden sprechen über Antisemitismus, über die Vernichtung der Juden, über die Lebensbedingungen und den Aufstand im Warschauer Ghetto, über die Frage nach der Schuld und die Pflicht zur Erinnerung. Diese Gespräche sind im vorliegenden Buch versammelt. In kindgerechter Sprache werden Begriffe wie Razzia, Deportation, Zionismus und Genozid erklärt; außerdem berücksichtigt Wieviorka den Diskussionsstand der letzten Jahre: vom Historikerstreit über die *Wehrmacht*-Ausstellung in Deutschland bis hin zu Filmen wie *Schindlers Liste* und *Das Leben ist schön*. Auch wenn das »Warum« letztlich unerklärbar ist, so bleibt am Ende doch der Glaube an die Macht der Erinnerung und die Einsicht der Menschen.

Die Autorin
Die 1948 geborene Historikerin Annette Wieviorka ist Professorin am Nationalen Forschungszentrum für Wissenschaft (CNRS) in Paris. Als renommierte Holocaust-Forscherin hat sie zahlreiche Bücher zur Geschichte der Juden im 20. Jahrhundert, zum Genozid und zur Frage des Gedenkens veröffentlicht.

Annette Wieviorka

Mama, was ist Auschwitz?

Aus dem Französischen
von Manfred Flügge

List Taschenbuch

List Taschenbücher erscheinen im
Ullstein Taschenbuchverlag, einem Unternehmen der
Econ Ullstein List Verlag GmbH & Co. KG, München

1. Auflage 2001

Titel der französischen Originalausgabe:
Auschwitz expliqué à ma fille
(Éditions du Seuil, Paris)

Übersetzung: Manfred Flügge
Umschlagkonzept:
HildenDesign, München – Stefan Hilden
Umschlaggestaltung: Büro Jorge Schmidt, München
Titelabbildung: Theresia Koppers
Gesetzt aus der Stempel Garamont
Satz: ew print & medien service gmbh, Würzburg
Druck und Verarbeitung: Clausen & Bosse, Leck

Printed in Germany

ISBN 3-548-60088-3

Für meine Tochter Mathilde
Für meine Nichten Sophie, Ève,
Elsa und Nadia

In unseren letzten Sommerferien haben wir am Strand meine Freundin Berthe getroffen. Zehn Jahre zuvor hatte ich sie als Zeitzeugin über ihre Deportation ins Lager Auschwitz-Birkenau befragt. Daraus war eine enge Verbindung entstanden. Es verging fast keine Woche, ohne dass wir uns, meist am Telefon, über verschiedene Vorkommnisse im Tagesgeschehen unterhielten, die mit dem Völkermord an den Juden zu tun hatten: der Prozess gegen Maurice Papon, der Film von Roberto Benigni *Das Leben ist schön* ... Meine Tochter Mathilde war schon dreizehn Jahre alt, sie kannte Berthe und wusste auch, dass sie in Auschwitz gewesen war. Oft sprach sie mit ihr am Telefon, wenn ich einmal nicht zu Hause war. Dennoch erlitt sie in jenem Sommer einen Schock, als sie auf dem linken Unterarm von Berthe eine Nummer sah, mit blauer Tinte eintätowiert und schon etwas verwaschen. Alles, was sie bisher mitbekommen hatte, zu Hause, im Fernsehen, in Filmen oder in der Schule, wurde mit einem Schlag leibhaftig und in besonderer Weise real.

Einige Jahre zuvor hatte Mathilde in der vierten Klasse der Grundschule ihren Stammbaum zeichnen sollen. Ihre vier Großeltern hatte sie noch kennen gelernt. Bei der Generation ihrer Urgroßeltern allerdings war es schon schwieriger, Ort und Zeit ihres Todes anzugeben. Auf Seiten ihres Vaters war Rywka Raczymow, auf meiner Seite waren Roza und Wolf Wieviorka in Auschwitz gestorben. Chawa Perelman, ihr Urgroßvater mütterlicherseits, war am 16. Juli 1942 nach der großen Wintervelodrom-Razzia von den Deutschen bei Chalon-sur-Saône getötet worden, als er versuchte, die Demarkationslinie zu überqueren, welche damals die besetzte von der unbesetzten Zone Frankreichs trennte. Auch einige Onkel und Tanten waren ermordet worden. Doch sie kamen auf dem Stammbaum nicht vor. Genau wie Mathildes Vater hatte auch ich einen Vornamen jener Toten von Auschwitz geerbt. Vielleicht lag es an der Wirkung dieser Erbschaft, dass wir, er als Schriftsteller und ich als Historikerin, diese Geschichte indirekt erlitten hatten und nun versuchten, sie zu bewältigen, indem wir ihr einen Teil unserer Arbeit widmeten. Mit ihren dreizehn Jahren konnte Mathilde das schon wissen. Dafür sprachen wir einfach viel zu oft untereinander oder mit Freunden darüber. Bei uns zu Hause gibt es zahlreiche Bücher und Zeitschriften, die sich mit diesem Thema befassen. Mathilde hatte gehört, wie ich im Radio und im Fernsehen darüber sprach. Und doch hatte sie niemals wirklich Fragen gestellt. Und ich habe es ihr niemals wirklich ›erklären‹ müssen.

Aufgefallen ist mir, als ich versuchte, Mathildes Fragen zu beantworten und ihr zu erklären, was Auschwitz war, dass sie genau die Fragen stellte, die ich mir auch unablässig gestellt habe. Fragen, die nun schon seit mehr als einem halben Jahrhundert die Reflexion der Historiker und der Philosophen beherrschen und die man so schwer nur beantworten kann. Doch waren ihre Fragen offener und direkter. Denn wenn es mir als Historikerin auch leicht fällt, Auschwitz zu beschreiben und zu schildern, wie sich der Völkermord an den Juden abgespielt hat, so bleibt doch ein schlicht unverständlicher, also unerklärlicher Kern: Warum haben die Nazis die Juden von unserem Planeten eliminieren wollen? Warum haben sie so viel Energie aufgewandt, in allen Ecken des von ihnen besetzten Europa, von Amsterdam bis Bordeaux, von Warschau bis Saloniki, Kinder und Alte zu ergreifen, nur um sie zu ermorden?

– Mama, warum hat Berthe diese eintätowierte Nummer auf dem Unterarm?

– Berthe ist deportiert worden, wie man das nennt. Deportiert bedeutet wörtlich, dass sie gegen ihren Willen aus dem Land, in dem sie lebte, aus Frankreich, in ein anderes Land transportiert wurde, nach Polen. Wenn man für die Zeit des Zweiten Weltkriegs von Deportationen spricht, dann meint man damit, dass diese Transporte in einem Konzentrationslager endeten.

– Warum sagst du, dass man sie nach Polen transportiert hat?

– Weil das Lager Auschwitz, das ihr Bestimmungsort war, auf polnischem Gebiet lag.

– Wie ist denn nun eigentlich die Geschichte von Berthe? Es ist komisch, ich kenne sie jetzt schon so lange, aber in Wirklichkeit weiß ich gar nichts von ihr.

– Berthe ist in Paris festgenommen worden. Das geschah am 16. Juli 1942. An jenem Tag hat die französische Polizei auf Befehl der Deutschen etwa 13 000 Juden verhaftet. Die Familien wurden mit ihren Kindern in einer großen Sporthalle zusammengepfercht, in der zuweilen Radrennen und politische Versammlungen stattfanden und die Wintervelodrom hieß. Deshalb nennt man diese Massenverhaftung auch die ›Wintervelodrom-Razzia‹.

– Was ist denn eine Razzia?

– Das ist eine Massenverhaftung, die von der Polizei überraschend durchgeführt wird. Das Wintervelodrom existiert heute nicht mehr, es ist abgerissen worden. Doch jedes Jahr findet dort, wo es stand, eine Gedenkveranstaltung statt. Berthe war damals neunzehn Jahre alt und unverheiratet. Darum hat man sie nicht ins Velodrom gebracht, sondern genau wie alle anderen Unverheirateten und die kinderlosen Paare mit einem Bus in ein Lager gleich nördlich von Paris, nach Drancy.

– War Drancy auch ein Konzentrationslager?

– Ja, wenn man damit meint, dass ein Konzentrationslager ein Ort ist, an dem man Menschen zusammentreibt, die ihrer Freiheit beraubt wurden. Aber Drancy ähnelte nicht den Lagern der Nazis. Zu der Zeit, als Berthe dort ankam, war es ein reines Durchgangslager, das heißt, man blieb dort nur kurze Zeit, bevor man deportiert wurde. Berthe blieb nur etwa zwei Wochen dort. Dann wurde sie, wiederum mit einem Autobus, zu einem kleinen Bahnhof gebracht, dem Bahnhof von Bobigny. Dort musste sie in einen Güterwagen steigen, genau wie einige andere tausend Menschen auch. Die Fahrt hat drei Tage und drei Nächte gedauert. Es waren furchtbare Stunden. Es geschah im Sommer und die Hitze war unerträglich in diesem Waggon, in dem Männer, Frauen und Kinder zusammengedrängt waren, ohne etwas zu essen oder zu trinken. Vor allem der Durst kann einen verrückt machen und manche sind es auch wirklich geworden. Schließlich sind sie dann auf dem kleinen Bahnhof eines Ortes angekommen, dessen Namen praktisch niemand kannte. Er hieß auf Polnisch Oświęcim und auf Deutsch Auschwitz.

– Das verstehe ich nicht, warum zwei Namen für ein und denselben Ort?

– In diesem südlichen Zipfel von Polen, sozusagen am Ende der Welt, lag die Provinz Oberschlesien, die Nazideutschland 1939 annektiert, das bedeutet gewaltsam und gegen alles Recht in seinen Besitz gebracht hatte. So erhielten die Orte deutsche Namen.

Doch zurück zu Berthe. Als sich die Türen der Waggons geöffnet haben – du hast es bestimmt schon in vielen Filmen nachgestellt gesehen –, hat Berthe deutsche Schreie und Hundebellen gehört. Da sie in Deutschland gelebt hatte – sie hatte das Land verlassen, als sie zehn Jahre alt war, nämlich nach Hitlers Machtergreifung im Jahre 1933 –, verstand sie, was da geschrien wurde: Sie sollten sich beeilen und ihre Koffer und Pakete auf dem Bahnsteig liegen lassen, wo Männer hin und her liefen, die eine merkwürdige, gestreifte Kleidung trugen, eine Art Pyjama. Dann haben die Deutschen verkündet, dass sich diejenigen, die sich müde fühlten, in Lastwagen zum

Lager begeben könnten, und so haben sie die Ankommenden in zwei Gruppen aufgeteilt. Die Ermüdeten, die älteren Leute, die Kinder und die erkennbar schwangeren Frauen sind auf die Lastwagen gestiegen. Die anderen, darunter auch Berthe, sind zu Fuß losgegangen. Danach hat man auch die Männer und die Frauen voneinander getrennt und in jeweils eigene Lager gesteckt. Berthe kam ins Frauenlager nach Birkenau, etwa drei Kilometer vom Hauptlager Auschwitz entfernt, zu dem es gehörte.

– Und was geschah dann mit ihnen?

– Die Frauen wurden gezwungen, sich auszuziehen. Du musst wissen, dass man zu jener Zeit viel schamhafter war als heute. Man zog sich niemals in Anwesenheit anderer Menschen aus und so war dies für viele eine weitere Demütigung. Dann durchsuchte man sie bis in die intimsten Körperöffnungen hinein. Man schickte sie unter die Dusche und rasierte sie: den Kopf, die Achseln, die Scham. Man gab ihnen Kleider. Keine Pyjamas oder gestreifte Anzüge, wie man es auf Fotos, in Filmen oder in Museen sieht, sondern irgendwelche Lumpen, die manchmal vor

Schmutz starrten. Es waren alte Kleidungsstücke, die man aus dem Gepäck der Deportierten entwendet hatte. Sie waren nicht gut genug für die Deutschen oder auch schon von anderen Häftlingen getragen worden. Und dann – das hast du ja am Unterarm von Berthe gesehen – ritzte man mit einer Art Metallfüller und blauer Tinte eine unauslöschliche Nummer in ihr Fleisch.

– Hat das nicht sehr wehgetan?

– Nach dem, was mir viele von ihnen erzählt haben, hat es nicht sehr wehgetan. Doch hat es dazu beigetragen, sie des Letzten zu berauben, was ihnen noch geblieben war: ihres Namens. Von nun an wurden sie nur noch bei ihrer für immer eingeritzten Nummer gerufen. Diese Nummer mussten sie auch auf Deutsch hersagen bei den Appellen, zu denen alle Häftlinge morgens und abends auf dem Platz zusammenkamen und die manchmal Stunden dauerten. Aus ihrem früheren Leben besaßen sie nichts mehr, keinen Gegenstand, kein Foto, kein Kleidungsstück. ›Und nichts ist mehr unser‹, schreibt Primo Levi in seinem Bericht *Ist das ein Mensch?*, den er gleich nach seiner Zeit im Lager veröffentlichte. Darin findest du folgende Schilderung: ›Man hat uns die Kleidung, die Schuhe und selbst die Haare genommen. Auch den Namen wird man uns nehmen; wollen wir ihn bewahren, so müssen wir in uns selbst die Kraft dazu finden, müssen dafür Sorge tragen, dass über den Namen hinaus etwas von uns verbleibe, von dem, wie wir einmal gewesen.‹ Sie waren in eine andere Welt eingetreten. Das haben viele Überlebende in ihren Zeugenberichten ausgedrückt. Primo Levi hat es aber gewiss am besten formuliert: ›Nun denke man sich einen Menschen, dem man, zusammen mit seinen Lieben, auch sein Heim, seine Gewohnheiten, seine Kleidung und schließlich alles, buchstäblich alles nimmt, was er besitzt: Er wird leer sein, beschränkt auf Leid und Notdurft und verlustig seiner Würde und seines Urteilsvermögens, denn wer alles verloren hat, verliert auch leicht sich selbst; so sehr, dass man leichthin und ohne jede Regung verbindenden Menschentums, bestenfalls aber auf Grund reiner Zweckmäßigkeit über sein Leben und seinen Tod wird entscheiden können.‹

– Ich habe gar nicht gewusst, dass Berthe Deutsche ist und dass sie ihr Land 1933 verlassen musste, als Hitler an die Macht kam. Sie hat mir nie davon erzählt.

– Berthe stammt tatsächlich aus Deutschland. Ihre Familie lebte genau wie die anderen deutschen Familien aus ihrer sozialen Schicht. Ihr Vater war Arzt. Er arbeitete in einem Krankenhaus, zusammen mit vielen anderen Kollegen. Sobald Hitler und seine Partei, die NSDAP, an die Macht kamen, ließen sie ihrem Judenhass Taten folgen. Hitlers Ziel war es zunächst, die Juden von den anderen Deutschen zu trennen, nach und nach die Fäden abzuschneiden, die sie mit der Gesellschaft und dem Wirtschaftsleben des Landes verbanden. Diejenigen, die nun als Juden diskriminiert wurden, konnten ihre Arbeit nicht behalten, sie hatten nicht mehr das Recht, ins Schwimmbad, ins Theater oder ins Konzert zu gehen. Ihre Kinder mussten eigene Schulen besuchen. Aber so einfach war es dann doch wieder nicht. Von den etwa 500 000 Juden, die in

Deutschland lebten, war nur eine Minderheit sehr fromm. Bei diesen zeigte sich ihr Judentum in ihrer Lebensführung. Manche engagierten sich auch im politischen Leben der Juden; sie waren zum Beispiel Zionisten, das heißt, sie wünschten, dass die Juden ihren eigenen Staat bekämen, nämlich auf dem Boden Palästinas. Dieser Staat, Israel, wurde dann ja auch nach dem Krieg, im Jahre 1948, gegründet. Doch andere, die große Mehrheit, waren vollkommen assimiliert. Für sie bedeutete es nichts mehr, jüdisch zu sein. Sie praktizierten die Religion nicht mehr, waren keine Mitglieder irgendeiner jüdischen Vereinigung, sie wussten nichts mehr vom Judentum. Manche deutsche Juden oder ihre Eltern oder Großeltern waren sogar zum Katholizismus oder zum Protestantismus übergetreten. Viele hatten Nichtjuden geheiratet.

– Dann waren sie also keine Juden mehr und somit auch nicht in Gefahr?

– Ein Jude war für Hitler der Angehörige einer ›Rasse‹. Wenn deine Großeltern Juden waren, dann warst du es auch, ob du wolltest oder nicht, selbst wenn du katholisch geworden warst. Und in seiner Sicht der Welt sollte diese ›Rasse‹ aus dem Großdeutschland verschwinden, das er schaffen wollte, indem er notfalls mit kriegerischen Mitteln alle deutschsprachigen Länder in sein Reich integrierte – wie zum Beispiel Österreich – und indem er die slawischen Völker unterwarf – wie die Russen, die Ukrainer oder die Polen. Er sagte, dass Deutschland *judenfrei* sein sollte, seiner Juden entledigt oder auch *judenrein*, von Juden gesäubert. Dann könnte die ›arische Rasse‹ für tausend Jahre ihre Herrschaft errichten und die Welt erneuern.

– Konnten die Juden denn nicht Deutschland verlassen oder fliehen?

– Viele deutsche Juden, die man ihrer Existenzmittel beraubt hatte oder die der Gewalt zum Opfer fielen, sind emigriert. Das war auch der Fall von Berthes Eltern, die nach Frankreich gekommen sind, oder der Familie von Anne Frank, die nach Amsterdam auswanderte. Du hast ja ihr *Tagebuch* gelesen. Dann aber kam 1939 der Krieg und weite Teile von Europa wurden besetzt. So haben die Nazis sie wieder eingeholt.

– Du hast gesagt, Mama, dass viele Juden assimiliert waren und sich in nichts mehr von den Deutschen unterschieden.

– Das stimmt. Es ist unmöglich zu sagen, wer Jude ist. Bis zur Französischen Revolution von 1789 waren die Dinge noch einfach. Jude zu sein hatte mit Tradition zu tun, einer religiösen Tradition, die alle Aspekte des sozialen Lebens bestimmte: den Kalender, die Rechtsprechung, die Hochzeiten, die Geburten ... Damals bildeten die Juden eine ›Nation‹ und lebten getrennt von den anderen. Dann wurden sie ›emanzipiert‹, wie man sagt, das heißt, sie wurden Staatsbürger wie die anderen auch. In Frankreich geschah das 1791, in Deutschland erst 1812. Manche haben ihre religiösen Praktiken beibehalten, aber viele wollten aufgehen in der Bevölkerung des Landes, in dem sie lebten. Im Prinzip unterschied sie nichts mehr von den anderen Deutschen oder den anderen Franzosen. In deiner Schulklasse zum Beispiel weißt du ja auch nicht, wer Jude ist, außer wenn die betreffenden Klassenkameraden es dir sagen oder wenn sie eine Kette mit Davidstern tragen.

Wenn sie eine Kippa auf dem Kopf haben, oder am Samstag nicht zur Schule kommen, weil sie die obligatorische Ruhe am Sabbat einhalten.

– Aber wie haben die Deutschen dann überhaupt herausbekommen, wer Jude ist?

– Um herauszubekommen, wer Jude ist, mussten die deutschen Behörden erst einmal definieren, wen sie als jüdisch ansahen. Das war nicht so einfach, denn es gab in Deutschland viele ›Mischehen‹. Also mussten alle Deutschen ihren Stammbaum aufstellen und dabei manchmal bis ins siebzehnte Jahrhundert zurückgehen, um zu beweisen, dass sie keine jüdischen Vorfahren hatten. Das heißt Vorfahren, die der jüdischen Religion angehörten und die weder katholisch noch protestantisch getauft worden waren. In jedem Land, das die Deutschen besetzten – zuerst in Österreich im März 1938, dann in der Tschechoslowakei, in Polen und in Frankreich –, ordneten sie eine Registrierung aller Juden an. In Frankreich wurde zum Beispiel zwei Monate nach ihrem Einmarsch in Paris, am 27. September 1940, eine Judenzählung befohlen. Alle Juden, die in der besetzten Zone lebten, mussten sich auf der Polizeiwache ihres Viertels in Paris oder, wenn sie in der Provinz lebten, auf der Präfektur melden. Fast alle haben sich gemeldet.

– Das kann ich gar nicht glauben! Warum haben sie das bloß getan?

– Heute fällt es schwer, das zu verstehen. Aber es war normal, sich zu melden, denn es war gesetzlich vorgeschrieben. Auch hätte niemand gewagt, sich vorzustellen, was passieren würde. Frankreich ist ein Rechtsstaat, wie man sagt, das heißt, ein Land, das Gesetze hat, an die sich alle halten müssen. Mit der Registrierung beauftragt wurde die französische Verwaltung. Wenn sie Franzosen waren, waren die Juden Bürger wie alle anderen; wenn sie Ausländer waren, standen sie unter dem Schutz ihres Gastlandes. Außerdem war es für einige, für die das Judentum eigentlich keine Bedeutung mehr hatte, eine Frage der Würde, sich auch registrieren zu lassen. Henri Bergson etwa, ein großer und berühmter Philosoph, der erste Jude, der in die Académie Française gewählt wurde und der 1927 den Literaturnobelpreis erhalten hatte, der sich in seinem Herzen als Katholik fühlte, aber niemals zum Katholizismus übergetreten war, hat aus Solidarität darauf bestanden, sich zur Polizeiwache seines Viertels zu begeben. Er war da schon 84 Jahre alt und sehr krank. Im Jahr darauf ist er gestorben.

– Und was passierte, nachdem sie einmal registriert waren?

– Im Departement Seine, zu dem damals Paris und die Gemeinden im Umland gehörten, wurden 149 734 Personen erfasst (85 664 Franzosen und 64 070 Ausländer). Mit Hilfe der von diesen Personen ausgefüllten Formulare hat die Polizeipräfektur auf Befehl der Deutschen vier Register angelegt, geordnet nach Namen, Berufen, Adressen und Nationalitäten. Damals wusste man noch nicht, dass man diese Register für die Verhaftungen und später für die Deportationen nutzen würde. Zum ersten Mal benutzte man sie im Mai 1941. Die Deutschen hatten beschlossen, die ausländischen Juden zu verhaften, und zwar nur die Männer, vor allem die Polen, wie deine Urgroßeltern. Sie erhielten die Aufforderung, sich zum nächsten

Polizeikommissariat ihres Viertels zu begeben. Dort mussten sie in Busse steigen, die sie zum Bahnhof Austerlitz brachten, und von dort ging es in zwei Lager im Departement Loiret, nicht sehr weit von Orléans, nach Pithiviers und Beaune-la-Rolande. Im August 1941 geschah es noch einmal, aber nach einer anderen Methode. Wieder benutzten die Deutschen die Register der Polizeipräfektur, doch diesmal wählten sie gezielt das 11. Arrondissement von Paris aus, wo viele Juden wohnten. Noch vor Tagesanbruch haben sie das Viertel von französischen Polizisten abriegeln lassen. Dann haben sie den ganzen Tag lang die Leute von zu Hause abgeholt oder sie auf der Straße verhaftet. Da sie aber nicht die gewünschte Anzahl zusammenbekamen – zu jener Zeit hatten schon viele Juden verstanden, dass es besser wäre, nicht in der von den Deutschen besetzten Zone zu bleiben, und waren heimlich in die unbesetzte Zone gewechselt –, haben die Deutschen und die französischen Polizisten dann fünf Tage lang Juden in ganz Paris verhaftet. Wieder wurden nur Männer festgenommen. Doch dieses Mal waren nicht allein Ausländer betroffen. Es waren auch Franzosen darunter, zum Beispiel berühmte Anwälte. Man hat sie mit dem Omnibus nach Drancy gebracht, in das Lager, in dem ein Jahr später auch Berthe für einige Zeit war.

– Du hast vorhin gesagt, dass Drancy nicht wirklich wie ein Konzentrationslager war.

– Drancy sah nicht so aus, wie man sich gewöhnlich ein Lager vorstellt. Es war eine Art Vorortsiedlung, die man nicht zu Ende gebaut hatte und die also niemals bewohnt worden war. Sie bestand aus mehreren hundert Wohnungen, die sich auf drei Gebäude verteilten, die ein großes U bildeten, mit einem großen Hof in der Mitte. Nichts war dort vorbereitet, um jene etwa 4000 Männer aufzunehmen. Anfangs war es ihnen nicht einmal erlaubt, Briefe zu schicken oder Päckchen zu empfangen. Sie hatten fast nichts zu essen und manche, etwa dreißig insgesamt, sind an Hunger gestorben. Unvorstellbar, in einem Land wie Frankreich vor Hunger zu sterben! Selbst während des Krieges, wo es doch seit über hundert Jahren keine Hungersnöte mehr gegeben hatte.

Im Dezember 1941 fand eine neue Massenverhaftung statt. Sie galt einer begrenzten Gruppe: ungefähr siebenhundert Personen, alles bedeutende Persönlichkeiten, Anwälte, Offiziere ... Kurzum Leute, die zur Elite der Gesellschaft gehörten.

– Sie haben also nur die Männer verhaftet?

– Ja. Aber alles wurde anders mit der schrecklichen Episode der Wintervelodrom-Razzia, von der ich dir vorhin erzählt habe. In zwei Tagen hat die französische Polizei 13 000 Personen festgenommen: dieses Mal aber vor allem Frauen und Kinder. Es waren nämlich heimliche Warnungen aus der Polizeipräfektur gekommen und so haben sich sehr viele Männer versteckt. Doch die Frauen und Kinder, die nicht dachten, dass man sie verhaften kommen könnte, sind meist zu Hause geblieben. Man hat sie in das Wintervelodrom gebracht, wo sie einige furchtbare Tage durchlebt haben, bevor man sie in die Lager im Loiret transportierte, nach Pithiviers und Beaune-la-

Rolande. Die Männer, die man im Mai 1941 verhaftet hatte, waren nicht mehr da; man hatte sie schon nach Auschwitz deportiert. Dann wurden die Mütter von ihren Kindern getrennt; es gab herzzerreißende Szenen. Man hat sie deportiert.

– Und die Kinder sind ganz allein zurückgeblieben, ohne ihre Mütter? Warum hat man sie denn voneinander getrennt?

– Die Deutschen hatten noch nicht die Absicht, die Kinder zu deportieren. Doch der Chef der französischen Regierung, Pierre Laval, hatte vorgeschlagen, auch sie zu deportieren. Man musste die Antwort aus Berlin abwarten. In dieser Zeit sind die Kinder allein in den Lagern Pithiviers und Beaune-la-Rolande geblieben, mit einigen Betreuerinnen. Dann hat man sie nach Drancy gebracht und auch in die Züge gesteckt.

– Aber Mama, was ist dann mit ihnen passiert?

– Als ich dir vorhin von Berthes Reise erzählte, habe ich dir doch auch gesagt, dass bei der Ankunft in Birkenau einige wenige zu Fuß zu den Baracken gingen und dass die anderen, die Mehrheit, die Lastwagen benutzen durften. Diese Lastwagen brachten sie zu sonderbaren Anlagen. Man ließ sie zunächst in eine Art Umkleideraum eintreten, wo sie sich ausziehen mussten. Dann wurden sie in Räume geführt, die wie Duschräume aussahen. In diese Räume wurde vom Dach her ein tödliches Gift eingestreut – das Zyklon B –, welches ein tödliches Gas freisetzte, an dem sie alle erstickten. Dann wurden ihre Leichen herausgeholt und in großen Öfen verbrannt. Diese Anlagen bezeichnet man gewöhnlich als Gaskammern, manchmal auch als Krematorien. Sie waren beides zugleich. Man hat später die Baupläne gefunden und in einigen Museen, wie in jenem, das nach Kriegsende in Auschwitz eingerichtet wurde, aber auch in dem vor kurzem errichteten Museum in Washington, hat man sie in Modellen nachgebaut.

– Wer konnte denn eine solche Arbeit machen? Waren das die Deutschen?

– Die Auswahl auf dem Bahnsteig zwischen denen, die ins Lager kamen, weil man sie für ›arbeitstauglich‹ hielt, und denen, die gleich ›ins Gas‹ geschickt wurden, wie die Häftlinge sagten, nennt man ›Selektion‹. Diese Arbeit wurde von deutschen Ärzten vorgenommen. Es waren auch Deutsche, die das tödliche Gift einstreuten. Aber es waren Häftlinge aus einem so genannten Sonderkommando, die den Auftrag hatten, die Leichen zu verbrennen. Sie machten diese Arbeit nicht sehr lange, denn nach einiger Zeit wurden auch sie vergast.

– Das verstehe ich nicht, Mama. Warum hat man sie auch vergast, wenn sie doch ›arbeitstauglich‹ waren, wie du sagst?

– Damit sie niemandem erzählen konnten, was sie gesehen hatten und zu welcher Arbeit man sie gezwungen hatte. Die Deutschen wollten nicht, dass man es wusste.

– Warum sollte es denn geheim bleiben, wo doch alle Juden sterben sollten?

– Um keine Aufmerksamkeit zu erregen und damit die Deportierten fügsamer blieben. Die entsetzliche Arbeit, die das Sonderkommando verrichtete, war ein ›grausames Geheimnis‹.

Ich erkläre es dir so klar wie möglich und merke dabei doch, dass ich dir fast gar nichts erkläre. Ich beschreibe ja nur einen technischen Vorgang. Wie soll ich es nur ausdrücken, dass dieses Ereignis unerhört ist? Dass noch niemals in der Geschichte, in der es doch wahrlich oft genug Massaker gegeben hat, solche Fabriken errichtet wurden, deren einzige Funktion es war, wie am Fließband zu morden? Dass allein in Birkenau – genaue Zahlen anzugeben ist sehr schwer – etwa eine Million Menschen auf einem so kleinen Flecken Erde ermordet wurde? Ein Mann, der im Warschauer Ghetto lebte und der, wie viele andere, Tagebuch führte, Abraham Lewin, notierte, dass das Gerücht umlief, im Ghetto von Lodz, einer anderen großen Stadt in Polen, würden zehnjährige Kinder umgebracht: ›Es ist sehr schwer für die Sprache, solche Wörter auszusprechen, und für den Geist, ihren Sinn zu verstehen und sie auf Papier zu schreiben.‹

Weißt du, der Tod seines Kindes ist die schrecklichste Sache, die einem passieren kann. In der Schule hast du ja das Gedicht auswendig gelernt, das Victor Hugo vier Jahre nach dem Unfalltod seiner Tochter Léopoldine geschrieben hat, und du warst sehr bewegt von seinem untröstlichen Schmerz. Bei Massakern oder Hungersnöten werden Kinder nicht verschont. Aber in Auschwitz war es noch etwas anderes. Es ging darum, ein ganzes Volk in seiner Nachkommenschaft zu treffen, alle seine Kinder zu verfolgen, wo sie sich auch immer befanden, um sie zu ermorden, damit dieses Volk für immer von der Erde verschwinde.

– Wie war es denn überhaupt mit diesen Lagern? Ich finde das ganz schön verwirrend. Manchmal sprichst du von Auschwitz, dann wieder von Birkenau ...

– Auschwitz ist der Name des Hauptlagers. Es ist von den Nazis nach der Eroberung Polens errichtet worden, um dort polnische Widerständler einzusperren und Angehörige der polnischen Elite, zum Beispiel Lehrer und Priester. Es war zunächst ein Konzentrationslager, wie sie die Nazis seit ihrer Machtübernahme im Jahr 1933 überall geschaffen hatten, um ihre politischen Gegner zu inhaftieren – Sozialdemokraten, Kommunisten sowie auch einige Katholiken – und dadurch zugleich die restliche Bevölkerung einzuschüchtern. Das erste Konzentrationslager dieser Art war in Dachau gebaut worden, in der Nähe von München. Später kamen noch Buchenwald hinzu und Ravensbrück, wo nur Frauen interniert waren. Als 1938 Österreich von Deutschland annektiert wurde, errichteten die Nazis das Lager Mauthausen. Als sie 1940 das Elsass annektierten, bauten sie in der Nähe von Straßburg das Lager Struthof. Und in Polen war es Auschwitz, für das man Backsteingebäude verwendete, die zuvor der polnischen Armee gedient hatten. Die Aufsicht über dieses Lager hatte die SS.

– Was bedeutet eigentlich SS?

– SS ist die Abkürzung des deutschen Wortes *Schutzstaffel.* Das war ursprünglich der persönliche Sicherheitsdienst von Hitler, eine Art Privatpolizei für ihn und die Nazipartei. Nach der Machtergreifung wurde diese Truppe vergrößert, ohne jemals besonders groß zu werden, etwa 250 000 Mann insgesamt. Sie waren Hitler bedingungslos ergeben und zutiefst antisemitisch, das heißt judenfeindlich. Schritt für Schritt haben sie unter der Leitung von Heinrich Himmler, einem der getreuesten Anhänger Hitlers, eine Art Staat im Staate gebildet und wurden vor allem mit der Verwaltung der Konzentrationslager und der Judenvernichtung beauftragt.

– So ganz habe ich aber immer noch nicht den Unterschied von Auschwitz und Birkenau verstanden. War Birkenau also auch ein Konzentrationslager?

– Ja und nein. Drei Kilometer nordwestlich vom Konzentrationslager Auschwitz haben die Deutschen bei der Vorbereitung des Angriffs auf die Sowjetunion, der am 21. Juni 1941 stattfand, ein großes Lager aus Holzbaracken bei Brzezinka errichtet, das sie auf Deutsch Birkenau nannten, genau an der Stelle eines Dorfes, das sie zuvor dem Erdboden gleichgemacht hatten. Man nennt es auch Auschwitz II. Tatsächlich wurden dort etwa 15 000 sowjetische Kriegsgefangene eingesperrt und alle sind umgekommen. Dorthin wurden ab 1942 auch Juden aus dem besetzten Europa deportiert und dort wurden die riesigen Gaskammern und Verbrennungsöfen gebaut, von denen ich dir eben erzählt habe.

– Du nennst ganz verschiedene Namen von Konzentrationslagern und sagst zugleich, dass Birkenau nicht wirklich ein Konzentrationslager war. Kannst du mir das noch einmal ganz einfach erklären?

– Du musst wissen, dass man bei uns in Frankreich häufig die Konzentrationslager mit jenen Orten verwechselt, an denen Juden ermordet wurden. Ich habe dir zum Beispiel gesagt, dass Berthe deportiert wurde. Dieser Begriff ›Deportation‹ wird in Frankreich für alle Menschen verwandt, die die Nazis in verschiedene Lager in Deutschland oder in Polen geschickt haben. Ein Kleinkind, das bei der Wintervelodrom-Razzia festgenommen wurde, ist dann genauso deportiert worden wie Geneviève de Gaulle Anthonioz, die Nichte von General de Gaulle. Sie gehörte einer Widerstandsbewegung an und wurde nach Ravensbrück gebracht. Man hat den Begriff ›deportieren‹ bereits im 19. Jahrhundert für diejenigen verwendet, die aus politischen Gründen in Sträflingskolonien nach Übersee geschickt wurden, wie beispielsweise der fälschlich der Spionage verdächtigte Hauptmann Alfred Dreyfus oder die Anarchistin Louise Michel. Du siehst also, das Wort gibt es schon länger.

– Und worin besteht nun der Unterschied?

– Der ganz große Unterschied besteht in dem, was nach der Ankunft geschah. Die überwiegende Mehrheit der Juden wurde an jene Orte, die man manchmal Lager nennt, einzig deshalb geschickt, um getötet zu werden. Ein großer amerikanischer Historiker, Raul Hilberg, zieht es übrigens vor, für diese Orte nicht die Begriffe ›Lager‹, ›Todeslager‹ oder ›Vernichtungslager‹ zu verwenden, er spricht stattdessen von ›Vernichtungszentren‹. Und ich denke, er hat Recht. Das erste dieser Zentren wurde im Dezember 1941 im polnischen Ort Chelmno am Ner in Betrieb genommen, der von den Deutschen in Kulm umbenannt worden war. Nach Chelmno wurden drei andere Vernichtungszentren errichtet: Belcec, Sobibor und Treblinka, von denen man fast nie spricht, weil es praktisch keine Überlebenden gegeben hat, die hinterher schriftlich oder mündlich bezeugen oder erzählen konnten, was sich dort abgespielt hat. Die Nazis haben mit Zügen Tausende und Abertausende von Männern, Frauen und Kindern an diese Orte gebracht, insgesamt vermutlich 2,7 Millionen, einzig, um sie zu vergasen; anschließend vergruben sie ihre Leichen in Massengräbern oder verbrannten sie in Krematorien. So benötigte man keine großen Einrichtungen und auch nicht viele Baracken, denn diese Orte waren nicht dazu bestimmt, für längere Zeit Häftlinge aufzunehmen. Zwei Lager allerdings waren zugleich Konzentrationslager und Vernichtungszentren, und zwar Majdanek und Auschwitz-Birkenau. Ohne dass man eine klare Unterscheidung treffen könnte – denn die Häftlinge bewegten sich zwischen Auschwitz und Birkenau – war Auschwitz eher ein Konzentrationslager und Birkenau eher ein Vernichtungszentrum.

– Aber warum redet man denn vor allem von Auschwitz, Mama?

– Auschwitz ist aus vielen Gründen das bekannteste Lager. Zunächst einmal, weil die Zahl der Getöteten dort am höchsten war; dann aber auch, und das mag etwas paradox erscheinen, weil es hier am meisten Überlebende gegeben hat, sowohl Widerständler aus allen Ländern als auch Juden, die nach ihrer Befreiung wichtige

Vereinigungen gegründet und häufig Zeugnis abgelegt haben.

Die Konzentrationslager waren grausame Orte. Im Wesentlichen vollzog sich die Ankunft in einem Lager überall auf dieselbe Weise, etwa so, wie es sich bei Berthe abgespielt hat. Mit einer Ausnahme: Auschwitz war das einzige Lager, in dem eine Nummer in das Fleisch eingeritzt wurde.

Die Häftlinge in den Konzentrationslagern haben unter Hunger und Kälte gelitten und mussten ermüdende und oft tödliche Arbeiten in Steinbrüchen oder in Fabriken ausführen. Sie waren extremen Erniedrigungen ausgesetzt. Zu Beginn wurden dort Deutsche eingesperrt: Leute aus dem Widerstand, aber auch die Zeugen Jehovas, die ihrem Glauben nicht abschwören wollten, den Hiltergruß verweigerten und deren Frauen und Männer später aus pazifistischen Gründen den Dienst in der Wehrmacht oder die Arbeit in der Rüstungsindustrie ablehnten. Aber dort waren auch Homosexuelle. Selbst wenn die Todesrate in den Konzentrationslagern vor allem während der Kriegsjahre erschreckend hoch war – etwa einer von vier Häftlingen starb in den weniger schlimmen Lagern wie Buchenwald; jeder zweite in den schlimmsten wie Mauthausen –, so kann man doch heute nicht behaupten, dass das Ziel der Einweisung in die Lager schlicht und einfach die Vernichtung war.

– Du hast von 2 700 000 Toten durch Vergasung gesprochen. Aber die Opferzahl, die ich sonst immer höre, beträgt sechs Millionen.

– Die Zahl von sechs Millionen umfasst alle Juden, die durch Vergasung oder durch andere Methoden ermordet wurden. Die Historiker sind sich darüber nicht einig. Manche reden von fünf Millionen, andere von sieben. Bei Todesraten dieser Höhe ist es sehr schwer, genaue Zahlen anzugeben.

Aber wir wollten über Auschwitz sprechen. In der Tat wird der Name Auschwitz oft als Symbol für die Vernichtung der europäischen Juden verwendet. Und da dieses Ereignis das schwärzeste des ganzen zwanzigsten Jahrhunderts ist, wird es manchmal auch verwendet, um das Allerschlimmste zu bezeichnen, was Menschen anderen Menschen antun können.

– Ich habe auch schon das Wort Genozid gehört, verstehe aber nicht so ganz, was es bedeutet.

– Du hast Recht. Dies ist ein neueres Wort, denn es wurde erst 1944 erfunden, eben um die Vernichtung der Juden zu bezeichnen, und zwar von Raphael Lemkin, einem Professor für Völkerrecht, der von Polen in die USA ausgewandert war. Dieses Wort setzt sich zusammen aus dem griechischen Wortstamm *genos*, der Volksstamm, und dem lateinischen Wort *caedere*, töten. Es bezeichnet den Versuch, ein ganzes Volk auszulöschen.

– Und der Holocaust?

– Das Wort ›Holocaust‹ benutzt man vor allem in den Vereinigten Staaten. Ich persönlich mag es nicht besonders. Es bedeutet ›Feueropfer‹ und könnte einen glauben lassen, dass man die Juden oder dass sie sich selbst für Gott geopfert haben. 1985 hat ein französischer Dokumentarfilmer, Claude Lanzmann, ein eigenwilliges Meisterwerk geschaffen, in dem er

Überlebende und andere Zeugen gefilmt hat, manchmal sogar am Ort der Vernichtung selbst. Es ist ein sehr spröder Film, der dennoch am besten zeigt, was die Vernichtung der Juden eigentlich bedeutet hat. Er dauert fast zehn Stunden und du musst ihn dir unbedingt einmal ansehen, wenn du älter bist. Er hat seinem Film den Titel *Shoah* gegeben, das ist ein hebräisches Wort, das ›Vernichtung‹ bedeutet. Die Shoah ist eine andere Bezeichnung für den Völkermord an den Juden, der nicht mit dem Namen Auschwitz allein gefasst werden kann.

– Du hast eben gesagt, das Wort ›Genozid‹ ist erfunden worden, um das zu bezeichnen, was mit den Juden im Nazi-Europa geschehen ist. Aber ich höre oft, dass man es auch für andere Ereignisse verwendet. Kann man das überhaupt?

– Da stellst du mir eine sehr schwierige Frage. Philosophen, Historiker und sogar Politiker diskutieren darüber und dabei gibt es oft heftigen Streit. Das ist auch nicht weiter erstaunlich. Raphael Lemkin, der Völkerrechtsprofessor, den ich eben erwähnt habe, hat den Völkermord, den

Genozid, rein juristisch definiert. Dieser Begriff sollte der internationalen Rechtsprechung dienen. Seit 1948 haben die Vereinten Nationen den Völkermord international geächtet. Für uns Historiker allerdings ist der Begriff nicht so wichtig wie das Verstehen der Phänomene der Vergangenheit. Wenn man den Völkermord definiert als den Willen einer Regierung oder von Teilen einer Regierung, ein ganzes Volk zu vernichten – selbst wenn es manchmal schwierig ist, einen ausdrücklichen Beschluss und einen Urheber dieses Beschlusses festzustellen –, dann glaube ich, dass man in der Geschichte des zwanzigsten Jahrhunderts zwei andere Ereignisse als Völkermord bezeichnen kann: erstens die Ausrottung der Armenier durch die Türken im Jahre 1915; und näher in der Gegenwart die Ermordung der Tutsis durch die Hutus im afrikanischen Staat Ruanda.

– Lass uns noch einmal auf den Krieg zurückkommen, Mama. Waren denn nur die Juden für den Tod bestimmt?

– Die Juden waren nicht die Einzigen, die in den Gaskammern umgekommen sind. Es waren dort auch Zigeuner. Sie wurden im Dritten Reich in verschiedene Konzentrationslager gesperrt und auch in Ghettos. Auch sie wurden in Vernichtungszentren geschickt. In Birkenau wurde im Jahr 1942 das so genannte ›Familienlager‹ eingerichtet: zweiunddreißig Baracken, in denen 20 000 Menschen familienweise interniert wurden. In der Nacht vom 1. zum 2. August 1944 wurden alle, Männer, Frauen und Kinder, in die Gaskammern geschickt.

– Und wie sind diejenigen gestorben, die nicht in den Gaskammern ermordet wurden?

– Der Völkermord an den Juden oder die ›Endlösung der Judenfrage‹, um den Begriff der Nazis zu verwenden, lässt sich, wie du schon richtig andeutest, nicht allein auf Auschwitz und die Vernichtungszentren reduzieren.

Das erste Ziel der Nazis im Hinblick auf die Juden, das habe ich dir ja schon erklärt, bestand darin, sie aus dem Dritten Reich zu entfernen, und das hieß in der ersten Zeit, dass man sie aus dem Land drängte. Zwischen 1933 und 1939 haben die Juden Deutschland oder Österreich verlassen können, auch den annektierten Teil der Tschechoslowakei, wobei sie aber ihre Habe meistens zurücklassen mussten. Das größte Problem bestand für sie dann darin, ein Land zu finden, das ihnen Zuflucht gewährte. Die Vereinigten Staaten hatten ihre Türen gleich nach dem Ersten Weltkrieg geschlossen. Wegen der Wirtschaftskrise, die in den dreißiger Jahren ganz Europa erfasste, haben alle Länder nach und nach die Zuwanderung gestoppt. 1939 gab es nur noch einen Ort, der Juden aufnahm: Schanghai, die größte Stadt von China! Von nun an saßen die Juden gleichsam in der Falle. Zu Beginn des Krieges hatten die Deutschen überlegt, eine Art Reservat für die Juden zu schaffen. Sie hatten dabei an die Insel Madagaskar gedacht, die damals eine französische Kolonie war. Wenn man mit Frankreich einen Friedensvertrag unterzeichnet hätte, dann hätten die Deutschen unter der Aufsicht der SS etwa vier Millionen Juden auf diese Insel deportiert. Doch der Friedensvertrag wurde nicht unterzeichnet. Nach der Eroberung von

Polen im September 1939 haben sie daran gedacht, in Nisko nahe der polnischen Stadt Lublin ein Reservat zu errichten. Sie begannen auch damit, Juden dorthin zu deportieren, allerdings unter so furchtbaren Umständen, dass Hunderte von ihnen dabei starben. Ab Februar 1941 wurde es den Juden dann endgültig untersagt, das Großreich zu verlassen.

– Soll das heißen, daß sie nicht mehr fliehen konnten?

– Ja, nachdem die Wehrmacht Polen erobert hatte, waren den Deutschen drei Millionen Juden in die Hände gefallen. Die Juden machten zehn Prozent der Bevölkerung von ganz Polen aus, in einzelnen Städten oder Kleinstädten sogar fast die Hälfte der Einwohner. In ihrer großen Mehrheit waren sie nicht ›assimiliert‹ wie die Juden in Deutschland oder in Frankreich. Sie bildeten das, was man eine nationale Minderheit nennt, dic im Prinzip bestimmte kulturelle Rechte hatte, wie zum Beispiel, ihre eigene Sprache zu unterrichten, das Jiddische. Alle möglichen Parteien vertraten sie in den Stadträten oder Parlamenten.

Als die Deutschen kamen, haben sie sofort Ghettos geschaffen.

– Was genau ist ein Ghetto, Mama?

– Heute wird dieses Wort oft gebraucht, um solche Viertel einer Stadt zu bezeichnen, in denen eine Minderheit lebt, deren soziale Lage schwierig ist, wie etwa die Schwarzen in Harlem in New York oder die Menschen in einigen Vororten von französischen Städten. Doch die Ghettos in Polen ähnelten eher jenen des Mittelalters, das heißt, es waren völlig isolierte Stadtviertel. Die Deutschen haben die Juden gezwungen, in diesen Vierteln zu leben, die von der übrigen ›arischen‹, also nichtjüdischen Stadt durch Stacheldraht getrennt waren. Das größte Ghetto, das Warschauer Ghetto, war sogar von einer Mauer umgeben. Auch die Bewohner der kleinen Städte wurden gezwungen, sich in den Ghettos der großen Städte zusammenzudrängen; später wurden dorthin auch Juden aus Deutschland und sogar Zigeuner deportiert. Die Juden mussten sich selbst verwalten, so als würden sie in einer Art unabhängigem Kleinstaat leben, allerdings in völliger Armut.

– Und wie haben sie sich verwaltet?

– Die Deutschen haben ihnen befohlen, einige Leute zu benennen, die Mitglieder der Regierung des Ghettos sein sollten, des so genannten Judenrates. Der Judenrat sollte die Bevölkerung unterbringen und versorgen, die Arbeit organisieren und sich um die Hygiene kümmern, aber auch mit Hilfe seiner eigenen Polizei dafür sorgen, dass die Befehle der Deutschen ausgeführt wurden. Manch einer, der Vorsitzender eines Judenrats geworden war, wie etwa Rumkowski in Lodz, war wie berauscht von der Macht, die er auf einmal besaß. Er glaubte, so etwas wie der König der Juden geworden zu sein, und ließ Münzen mit seinem Abbild prägen. Doch das war eine Ausnahme. Andere haben geglaubt, sie könnten dank dieser Macht einen Teil der Juden retten, indem diese für die Deutschen arbeiteten. Wenn die Arbeit dieser Leute für die Deutschen nützlich wäre, so dachten sie, wären diese vielleicht gezwungen, sie am Leben zu lassen. In Wirklichkeit aber war es eine unmögliche Lage. Was sollte man tun? Sein Volk ohne jede Verwaltungsstruktur dem direkten Kontakt mit den Nazis ausliefern? Oder versuchen, das Leben, besser gesagt, das Überleben auf die am wenigsten schlimme Art zu organisieren? Die Mitglieder dieser Judenräte sind sogar beschuldigt worden, mit den Deutschen bei der Auslöschung ihres eigenen Volkes kollaboriert zu haben.

– Hat es das denn wirklich gegeben?

– Wenn man darüber nachdenkt, hat man das Gefühl, dass nichts mehr möglich war, nachdem die Falle einmal zuschnappte, dass sich die jüdischen Verantwortlichen in einer ausweglosen Lage befanden und dass sie in gewisser Weise schuldig wurden, was immer sie unternahmen. Es gab keine Lösung, denn letzten Endes waren alle zum Tode verurteilt.

Die Lebensbedingungen in den Ghettos waren schrecklich, weil die Deutschen es so wollten. Im Jahr 1941 lebten im Warschauer Ghetto zum Beispiel 550 000 Menschen zusammengedrängt auf 403 Hektar. In jeder Wohnung hausten mindestens fünfzehn Personen, also sechs oder sieben oder noch mehr pro Zimmer. Die Deutschen ließen nur sehr geringe Mengen von Lebensmitteln hinein. Es herrschte sehr großer Hunger und es wütete der Typhus, eine Krankheit, die von Läusen verbreitet wird und meistens tödlich verläuft. Zwischen Januar 1941 und Juli 1942 starben allein im Warschauer Ghetto 61 000 Personen. In allen Ghettos zusammen sind etwa 600 000 Menschen an Hunger gestorben. Jeden Tag fand man auf den Straßen entsetzlich abgemagerte Leichen.

Und doch wurde dort das Alltagsleben organisiert. Die Mitglieder einiger Organisationen, die oft mit politischen Parteien in Verbindung standen, haben medizinische Versorgungszentren, Waisenhäuser, Aufnahmezentren für Flüchtlinge und Volksküchen geschaffen. Es gab Bibliotheken und Theater, es fanden Konzerte statt und es existierte sogar eine heimliche Ausbildungsstätte für Ärzte. Einzelne haben sich durch Schwarzhandel bereichert und feierten in Nachtbars.

– Woher weiß man denn so genau, was sie erlebt haben?

– Es ist etwas Einmaliges in der Geschichte passiert: Die Leute, die in den

Ghettos eingesperrt waren, haben geschrieben und Dokumente archiviert. Chaïm Kaplan, ein Volksschullehrer, der im Warschauer Ghetto eingesperrt war und nicht überlebt hat, erklärt, warum er ein Tagebuch führt, obwohl er damit sein Leben gefährdet: ›Ich habe das tiefe Empfinden, dass wir eine besondere Zeit erleben und dass ich ihr gegenüber eine Verantwortung habe. Ich bin davon überzeugt, dass ich eine Pflicht gegenüber der Geschichte habe und dass ich nicht das Recht habe, mich ihr zu entziehen. Mein Tagebuch wird eine Quelle sein, derer sich spätere Historiker bedienen werden.‹ Emmanuel Ringelblum, ein junger Historiker, der auch interniert war, hat eine Arbeitsgruppe zusammengestellt, die den Auftrag hatte, alle möglichen Dokumente aus dem Ghetto zu sammeln. Dieses Archiv hat er in Metallbehälter verschlossen und anschließend vergraben. Als man nach dem Krieg in den Ruinen des Warschauer Ghettos suchte, hat man das meiste davon wiedergefunden.

– Du scheinst das für sehr wichtig zu halten. Warum denn?

– Die Nazis wollten ein ganzes Volk von der Erde auslöschen, ja sogar die Erinnerung daran. Ignacy Schiper, ein in Majdanek ermordeter Historiker, hat das sehr gut erklärt: ›Alles hängt ab von denen, die ihr Testament den künftigen Generationen übermitteln, von denen, welche die Geschichte dieser Epoche schreiben werden. Die Geschichte wird meistens von den Siegern geschrieben. Alles, was wir von ermordeten Völkern wissen, ist das, was ihre Mörder über sie sagen wollten. Wenn unsere Mörder den Sieg davontragen, wenn sie die Geschichte dieses Krieges schreiben werden, dann wird unsere Vernichtung als eine der schönsten Seiten in der Weltgeschichte dargestellt werden und künftige Generationen werden den Mut jener Kreuzritter rühmen. Jedes ihrer Worte wird ein Evangelium sein. So können sie beschließen, das Gedächtnis der Welt vollständig auszuradieren, als ob wir niemals existiert hätten, als ob es niemals ein polnisches Judentum, das Ghetto von Warschau oder Majdanek gegeben hätte.‹

– Trotz dieser Toten in den Ghettos

und den durch Vergasung Getöteten verstehe ich aber noch immer nicht die Zahl von sechs Millionen.

– Beim Überfall der deutschen Wehrmacht auf die Sowjetunion im Juni 1941 sind massenhaft Juden umgebracht worden. Kleine Sonderkommandos, die jeweils von einer Hand voll SS-Leuten gebildet wurden und die Wehrmacht begleiteten, hatten die Aufgabe, kommunistische Verantwortliche und Juden umzubringen. Denn bei den Nazis war der Hass auf die Kommunisten genauso groß wie der Hass auf die Juden. Kommunisten oder Bolschewisten, wie sie sagten, waren für sie oft gleichbedeutend mit Juden. Und doch gab es auch da noch einen Unterschied zwischen den Juden und den kommunistischen Funktionären. Otto Ohlendorf, Befehlshaber einer Einsatzgruppe, die 90 000 Menschen ermordet hat, hat es selbst später vor Gericht erklärt: ›Der Befehl schrieb vor, dass die jüdische Bevölkerung vollständig vernichtet werden sollte‹, sagte er aus und präzisierte, dass nach seiner Kenntnis niemals die Familie eines sowjetischen Kommissars verfolgt worden ist.

– Was sollten diese Sonderkommandos denn genau machen?

– Wenn die Sonderkommandos oder Einsatzgruppen irgendwo ankamen, dann versammelten sie die jüdische Bevölkerung auf dem Dorfplatz und führten sie anschließend aus dem Ort hinaus an eine abgelegene Stelle, wo man eine oder mehrere Gruben ausgehoben hatte. Aber ich lasse das lieber Abraham Aviel erzählen, den einzigen Überlebenden aus seiner Familie: ›Man begann damit, die Juden in einzelnen Gruppen in Richtung der Gruben zu führen. Man hat ihnen befohlen, sich auszuziehen, und als sie auf den Erdhaufen stiegen, hörte man Salven von Gewehrschüssen und sie fielen in die Gruben. Kinder, Frauen, Familie nach Familie, jede Familie ging gemeinsam.‹

Diese Art von Massakern hat es fast den ganzen Krieg über gegeben, aber besonders zahlreich waren sie zwischen Ende Juni 1941 und Dezember desselben Jahres. Auf diese Weise sind etwa 700 000 Juden ermordet worden.

– Mama, ich kann das gar nicht glauben. Wie konnten Menschen so etwas mit Kindern anstellen?

– Die Frage wurde schon sehr oft gestellt. Und ich weiß immer noch keine Antwort. Vor allem, weil es der Kommandant den Soldaten, die bei solchen Massakern nicht mitmachen wollten, in einigen Fällen freigestellt hatte, sich zu einer anderen Einheit versetzen zu lassen. Das Angebot haben nur sehr wenige angenommen. Manche Historiker glauben, man könne das nur im Zusammenhang des Krieges erklären, wo die Gewalt allgegenwärtig ist und der Tod banal wird. Andere erklären diese Fähigkeit zum Massenmord mit der Tatsache, dass ein Mensch sich nicht von seiner Gruppe abwenden und zum Beispiel nicht feige erscheinen will. Wieder andere erklären es mit der Unterwerfung unter die Autorität. Und sie verweisen auf ein Experiment, das der amerikanische Wissenschaftler Stanley Milgram an einer Universität durchgeführt hat. Er wollte nämlich die Fähigkeit der Individuen testen, einer Autorität zu widerstehen. Und so hat er sich auf die Suche nach Freiwilligen für ein angeblich wissenschaftliches Experiment gemacht. Eine ›wissenschaftliche Autorität‹ beauftragte diese Freiwilligen, einem Opfer, das in Wirklichkeit ein Schauspieler war, Elektroschocks zu versetzen. Je stärker die Schocks wurden, desto mehr stöhnte und schrie das Opfer, bat um Hilfe und blieb schließlich stumm, tat so, als ob es tot wäre. Zwei von drei Freiwilligen, gewöhnliche Männer und Frauen wie du und ich, haben einem Menschen, den sie nicht kannten, allein aus Gehorsam gegenüber einer Autorität, die hier ein Wissenschaftler war, Stromstöße versetzt, die sie für tödlich halten mussten, ohne jedes Mitleid mit ihren Opfern.

– Du glaubst also, dass jeder Mensch fähig ist, irgendjemanden zu ermorden, nur weil sein Vorgesetzter es ihm befiehlt?

– Nein, nicht jeder Mensch, denn im Experiment von Milgram haben es ja einige abgelehnt, bis zum Äußersten zu gehen. Es gibt aber auch noch eine weitere Erklärung: So glauben manche, dass die Massaker durch die Intensität der antisemitischen Propaganda erklärt werden können, die die Juden mit Ungeziefer gleichsetzte. Man eliminierte sie und das war für viele etwas anderes als das Töten von Menschen.

– Fühlten sich denn die Täter nicht schuldig, hatten sie denn keine Gewissensbisse?

– Sicher ist, dass dieses Morden nicht leicht vonstatten ging, zumindest nicht beim ersten Mal. Meistens hatten die Männer zuvor getrunken und sie betranken sich auch noch nach dem Massaker. Die Sorge um die mentale Gesundheit dieser Männer, das Risiko, dass sie sich in ganz unmenschliche Maschinen verwandeln würden, erklärt auch den Übergang von den Massakern durch Erschießungskommandos zum industriellen Vergasen in den polnischen Lagern. Im Dezember 1941 wurden, wie ich es dir ja schon gesagt habe, zum ersten Mal Juden durch Gas umgebracht, und zwar zuerst in Lastwagen, die man dazu extra umgebaut hatte. Das Ziel dieser Methode war es, mehr Distanz zwischen dem Opfer und seinem Henker zu schaffen, der es also nicht mehr mit eigener Hand tötete. So konnte er sich der Illusion hingeben, unschuldig zu sein und kein Blut an den Händen zu haben.

– Solche Methoden wurden da zum allerersten Mal benutzt?

– Ja und nein. Das Gas war schon in einer großen Euthanasie-Aktion verwendet worden, die Hitler befohlen hatte. Er fand, dass geistig Behinderte für die Gesellschaft eine zu große Belastung darstellten. Und wenn sie Kinder bekämen, dann würden sie außerdem die ›Rasse‹ schädigen. Sogar schon vor seiner Machtergreifung wurden Mischlinge sterilisiert, Männer und Frauen, deren Väter zu den Senegalesen gehört hatten, die mit der französischen Armee nach dem Ersten Weltkrieg das Ruhrgebiet und das Rheinland besetzt hatten. Hitler hatte auch den Befehl gegeben, Geisteskranke zu töten, die er als ›lebensunwertes Leben‹ einstufte. So konnten also die politischen Machthaber entscheiden, wer leben durfte und wer vom Planeten verschwinden sollte. Neuere Forschungen haben gezeigt, dass etwa 200 000 dieser Kranken in aller Heimlichkeit umgekommen sind, meistens durch Gas in Lastwagen. Die Aktion endete 1941, als endlich einige katholische Geistliche dagegen protestierten. Es ist interessant festzustellen, dass die Männer, welche die Euthanasie-Aktionen durchführten, dieselben waren, die dann auch die ersten Vernichtungszentren für Juden in Gang setzten.

– Hat Hitler denn alle Juden gleich nach seiner Machtergreifung töten wollen?

– Nein, die Ermordung der europäischen Juden ist erst seit der Jahreswende 1941/42 systematisch durchgeführt worden. Von da an handelte es sich nicht mehr darum, alle Juden umzubringen, die vor Ort waren, sozusagen bei der Hand, ob in Polen oder in den besetzten Teilen der Sowjetunion, sondern alle Juden Europas. Am 20. Januar 1942 trafen sich in Berlin in einer Villa draußen am Wannsee Vertreter der wichtigsten Institutionen des Reiches, um über die ›Endlösung der Judenfrage‹ zu sprechen; beteiligt daran waren das Reichsministerium für die besetzten Ostgebiete, die Ministerien des Inneren und der Justiz, das Auswärtige Amt usw. Man weiß einiges über diese Wannsee-Konferenz, da ihr Protokoll erhalten geblieben ist. Ich lese dir einen Absatz daraus vor, der klar genug ist, auch wenn die Ausdrucksweise, wie oft bei den Nazis, verschlüsselt ist, da ja alles im Prinzip geheim bleiben sollte: ›Unter entsprechender Leitung sollen im Zuge der Endlösung die Juden in geeigneter Weise im Osten zum Arbeitseinsatz kommen. In großen Arbeitskolonnen, unter Trennung der Geschlechter, werden die arbeitsfähigen Juden straßenbauend in diese Gebiete geführt, wobei zweifellos ein Großteil durch natürliche Verminderung ausfallen wird. Der allfällig endlich verbleibende Restbestand wird, da es sich bei diesen zweifellos um den widerstandsfähigsten Teil handelt, entsprechend behandelt werden müssen, da dieser, eine natürliche Auslese darstellend, bei Freilassung als Keimzelle eines neuen jüdischen Aufbaues anzusprechen ist.‹

– Da komme ich nicht ganz mit. Könntest du mir das bitte in eine unverschlüsselte Sprache übersetzen?

– Das bedeutet, dass diejenigen, die nicht durch die Arbeitsbedingungen getötet werden und die also die Widerstandsfähigsten sind, durch andere Mittel eliminiert werden müssen, aus Furcht, dass das jüdische Volk wiedererstehen könnte.

– Dann war es also kein Zufall, dass die Wintervelodrom-Razzia im Juli 1942 stattfand?

– Wenn man den schrecklichsten Monat des ganzen Krieges nennen sollte, dann wäre es unweigerlich der Juli 1942. Fast zur gleichen Zeit wie die Wintervelodrom-Razzia organisierte die SS die große Deportation der Juden aus Warschau. Sie wollten sich dabei des Vorsitzenden des Judenrates bedienen, Adam Czerniakow. Auch er hat ein Tagebuch geführt und notierte Tag für Tag in kleine Hefte, was im Ghetto passierte. Am 22. Juli 1942 schrieb er: ›Man hat das Telefon unterbrochen. Die Kinder wurden vom Hof entfernt, der nahe beim Gemeindehaus liegt. Man hat uns erklärt, dass mit Ausnahme von ganz wenigen Fällen, alle Juden gleich welchen Alters oder Geschlechts, nach Osten evakuiert würden. Heute sollen wir bis sechzehn Uhr ein Kontingent von 6000 Personen liefern. Und so viele sollen es jeden Tag sein, wenn nicht mehr.‹ Am nächsten Tag verübt Czerniakow Selbstmord: Er hat verstanden, dass das, was die Deutschen ›Umsiedlung nach Osten‹ nennen, in

Wirklichkeit der Tod ist. Er schrieb seiner Frau einen Brief: ›Man will, dass ich mit eigener Hand die Kinder meines Volkes töte.‹

– Die Deportation geschah also ohne den Chef des Judenrates?

– Auch ohne Czerniakow leerte sich das Ghetto jeden Tag um 5000 bis 7000 Deportierte. Am Rande des Ghettos wurde ein Bahnhof angelegt, von dem aus die Züge ins Vernichtungszentrum von Treblinka fuhren, das etwa 120 Kilometer von Warschau entfernt lag. Die Züge mit derselben menschlichen Fracht aus Frankreich, Holland oder Belgien rollten nach Auschwitz. Diese Deportation der Juden aus Warschau hat sieben Wochen gedauert. Auch hier gibt es keine genauen Zahlen, aber man schätzt, dass 265 000 bis 310 000 Juden aus Warschau bei ihrer Ankunft in Treblinka vergast worden sind.

– Mama, ich kann einfach nicht verstehen, warum sie sich das gefallen ließen. Warum haben sie sich nicht gewehrt?

– Einige Leute haben gesagt, dass sich die Juden ›wie die Lämmer zur Schlachtbank führen ließen‹. Aber jene Toten verdienen eine solche Missachtung nicht. Man muss versuchen, sich in die damalige Zeit zurückzuversetzen. Ich weiß, dass dies das Allerschwierigste ist. Zunächst einmal wussten die Juden nicht, dass die Nazis sie alle töten wollten und dass die Züge sie zu den Gaskammern brachten. Als sie von den Nazis registriert und ihres Besitzes beraubt wurden – manchmal mit der Komplizenschaft einer Regierung von Kollaborateuren wie in Frankreich – oder als sie von ihnen in Ghettos gesperrt wurden – wie in Polen –, war ihnen nicht bewusst, dass sie in ein Räderwerk geraten waren, und auch nicht, womit das alles enden würde. Und selbst wenn sie Vermutungen hatten, wenn sie gerüchtweise davon hörten, dann konnten sie es nicht glauben, so unwahrscheinlich und monströs kam ihnen das alles vor. Und wie hätten sie auch ahnen können, was ihnen bevorstand, wo doch die Deutschen dem, was sie die ›Endlösung‹ nannten, selbst noch keinen konkreten Inhalt gegeben hatten? Ich habe dir ja schon erklärt, dass sie eine Zeit lang daran gedacht hatten, das Reich durch Auswanderung ›judenrein‹ zu machen, von allen Juden zu säubern.

– Bedeutete es denn die schlichte Ausrottung, als die Endlösung beschlossen wurde?

– Da es keinen schriftlichen Befehl von Hitler gibt, sind die Historiker darüber verschiedener Meinung. Für manche liegt dieser Zeitpunkt im Juni 1941, also mit Beginn des Überfalls auf die Sowjetunion. Andere glauben, dass es regionale Entscheidungen gab, wie man es nennen könnte: Zuerst wurden die sowjetischen Juden eliminiert, dann die polnischen; schließlich mit der Wannsee-Konferenz alle europäischen Juden, die ihnen in die Hände fallen konnten. Gewiss ist, dass es zu dem Zeitpunkt, als die französischen Juden registriert und als die Juden von Warschau in ein Ghetto mit einer Mauer ringsum gesperrt wurden, noch keinen Beschluss über die Vernichtung gegeben hatte. Wir kennen heute das Ende dieser Geschichte und deuten also jedes Element im Hinblick auf dieses Ende. Doch diejenigen, die damals lebten, wussten noch nicht, wie es ausgeht! Tag für Tag, ohne Informationen, ohne Zeitungen oder Radio, waren sie den unterschiedlichsten Gerüchten ausgesetzt und mussten sich ausmalen, was am nächsten Tag geschehen würde. Wenn sie zum Beispiel gewusst hätten, wie wir es heute wissen, dass man die Unterlagen von der Registrierung benutzen würde, um sie zu verhaften, hätten sie sich dann registrieren lassen? Diese Frage kannst du dir selbst beantworten.

– Aber was wusste man denn damals? War es denn überhaupt möglich, Informationen zu verbreiten?

– Es ist ziemlich schwierig, sich eine Vorstellung davon zu machen, was die Leute damals gewusst haben. Das hing auch sehr stark davon ab, wo sie lebten. In Polen zum Beispiel, wo sich die Vernichtungszentren befanden, haben sich die Nachrichten sehr schnell verbreitet. Aber dennoch haben die Leute es nicht unbedingt geglaubt. In Frankreich geschah es sicher langsamer. Einige Männer und Frauen sind ein großes Risiko eingegangen, um Informationen zu verbreiten. So sind etwa sehr viele vor der Wintervelodrom-Razzia gewarnt worden, durch Informationen, die zum Teil sogar aus Kreisen der Polizei kamen. Die Deutschen hatten beabsichtigt, in zwei Tagen 30 000 Juden zu verhaften. Sie haben aber ›nur‹ 13 000 verhaften können, was ja auch schon furchtbar ist. Da man bis dahin nur Männer verhaftet hatte, dachten die Frauen, dass sie und ihre Kinder nicht gefährdet seien. Und so wurden an jenem Tag zumeist Frauen mit ihren Kindern mitgenommen.

– Man konnte den Razzien aber auch entkommen?

– Man konnte sich dafür entscheiden, in die Illegalität zu gehen. Aber das war nicht immer einfach. Es war auch in jedem Land anders. In Frankreich zum Beispiel musste man sich falsche Papiere besorgen, Geld haben, um einen Fluchthelfer zu bezahlen, der einen heimlich über die Demarkationslinie zwischen der besetzten und der unbesetzten Zone brachte. Wenn man Ausländer war und nur schlecht Französisch sprach, mit einem Akzent vielleicht, dann war das besonders gefährlich. Und vor allem musste man sich und seine Familie unterbringen und ernähren. Je ärmer man war, je weniger man gespart hatte, umso schwieriger war es. Und doch haben viele Juden überlebt, denen von der Bevölkerung geholfen wurde. Von den 330 000 Juden, die 1939 in Frankreich lebten, sind etwa 75 000 in der Deportation gestorben. Berthe gehörte zu den 2500 französischen Juden, die deportiert wurden und in Auschwitz überlebt haben. Vier von fünf Juden sind also gerettet worden. In Polen, wo etwa drei Millionen Juden umgekommen sind, war es praktisch unmöglich, sich zu verstecken. Vielleicht weil die Bevölkerung zutiefst antisemitisch und wenig geneigt war, den Juden zu helfen. In Polen glaubte man genau wie in Deutschland, dass es eine ›Judenfrage‹ gäbe, und sehr viele Polen waren gar nicht böse darüber, dass die Nazis, von denen sie doch auch ganz furchtbar unterdrückt wurden, dieses Problem lösten. Denn sie sahen es als ein Problem an, dass es in ihrem Land viele Juden gab. Außerdem wurde die deutsche Gesetzgebung in dieser Frage in Polen strenger gehandhabt als vergleichsweise in Frankreich. Wenn ein polnischer Katholik einen Juden versteckte und entdeckt wurde, dann wurden er und alle, die in seinem Haus wohnten, auf der Stelle hingerichtet.

– Und die Juden, haben sie auch Widerstand geleistet?

– Bei näherer Betrachtung ist es eher verwunderlich, dass die Juden überhaupt an Widerstand denken konnten. Die Historiker, die immer wieder gerne Debatten führen, auch wenn sie sich über die Fakten einig sind, haben lange diskutiert, wie es mit den Widerstandsmöglichkeiten für die Juden aussah. Manche meinen, dass man das Wort ›Widerstand‹ im eigentlichen Sinn verstehen muss, wie du es auch als physikalischen Begriff gelernt hast: ein Widerstand ist eine Kraft, die einer anderen Kraft entgegenwirkt. Widerstehen bedeutete für die Juden also einfach den Kampf ums Überleben, die Kraft des Lebens dem Willen zum Morden entgegenzustellen. So haben es etwa in Frankreich Organisationen wie das Kinderhilfswerk geschafft, Kinder zu retten.

– Kinder hat man also retten können?

– Um Kinder zu retten, musste man ihnen falsche Papiere besorgen und junge

Frauen finden, die sie an Orte brachten, wo sie in Sicherheit waren, meistens auf dem Land bei Bauernfamilien oder in Klöstern. Manche Regionen wie die Cevennen oder das Dorf Chambon-sur-Lignon im Zentralmassiv wurden für die Juden wahre Zufluchtsorte. In Polen gab es erst nach der Deportation der Juden aus dem Warschauer Ghetto, im Sommer 1942, erste Appelle zur Hilfe für die Juden.

– Warum war es denn in Polen schwieriger, den Juden zu helfen?

– Der Wunsch, Juden zu retten, war wie gesagt in der polnischen Gesellschaft nicht sonderlich verbreitet. Zofia Kossak-Szczucka, eine Schriftstellerin, die damals in Polen sehr berühmt war, veröffentlichte ein Protestschreiben: ›Wer angesichts eines Mordes schweigt, wird zum Mittäter. Wer einen Mord nicht verurteilt, billigt ihn.‹ In Polen herrschten für die Juden die schlimmsten Zustände. Die deutsche Besatzung war besonders brutal. Die polnischen Eliten wurden systematisch verhaftet, in Konzentrationslager geschickt oder erschossen. Die Polen lebten in einer äußerst prekären Lage. Und doch wurde ein

Komitee zur Rettung der Juden gegründet, dem politisch Verantwortliche aus verschiedenen jüdischen und polnischen Parteien angehörten. Dieses Komitee hat Geld verteilt und 8000 Juden geholfen, sich zu verstecken, indem es ihnen falsche Papiere verschaffte und ihnen Unterschlupfmöglichkeiten besorgte. Das war sehr schwierig. So legten sie zum Teil unglaubliche Verstecke in Kellern oder hinter falschen Wänden in Wohnungen an. Sie haben etwa 2500 Kinder in Klöstern und 1300 in polnischen Familien versteckt. Diese Zahlen sind lächerlich angesichts von drei Millionen Toten. Sie regen aber an zum Nachdenken über diese ganz besondere und sehr diskrete Form des Heldentums jener Männer und Frauen, die einfach ihre menschliche Pflicht getan haben. In unmenschlichen Zeiten bedarf es manchmal des Heldentums, um menschlich zu sein.

– Wurden die Vernichtungszentren deshalb alle in Polen angelegt?

– Das glaube ich nicht. Ich glaube, diese Orte wurden vor allem aus praktischen Erwägungen ausgesucht, denn in der Nähe lebten sehr viele Juden.

– Widerstand hieß also für die Juden vor allem zu überleben und anderen beim Überleben zu helfen?

– Nicht nur. Manche haben auch in den großen Widerstandsgruppen mit der Waffe in der Hand gekämpft. Das hat zum Beispiel dein Großvater Étienne getan, der sich in Grenoble und später in Lyon den bewaffneten Gruppen der Freischärler angeschlossen hat, die man MOI nannte. Das ist die Abkürzung der französischen Bezeichnung für ›Eingewanderte Arbeiter‹. Mit seinen Kameraden, die er fast alle noch aus der Volksschule im Pariser Stadtteil Belleville kannte und die wie er eigentlich keine Ausländer, sondern in Frankreich geboren und also französische Staatsbürger waren, hat er gegen die Nazibesatzung gekämpft, Züge der Wehrmacht zum Entgleisen gebracht und Attentate gegen die Deutschen verübt. Doch wenn wir mit ihm über jene Zeit sprechen, dann drückt er immer nur sein Bedauern aus, dass er nicht darum gekämpft hat, jüdische Kinder vor der Deportation zu retten. Und deshalb kümmert er sich heute, wo er Rentner ist, gar nicht so sehr um das Andenken an den Widerstand, sondern setzt sich eher dafür ein, dass man an den Schulen von Belleville Gedenktafeln anbringt, damit man nicht die Namen der jüdischen Schüler vergisst, die zu Hunderten in der Deportation gestorben sind.

– Und in Polen?

– Einige haben in den Lagern und in den Ghettos gekämpft, wo es eine ganze Reihe von Aufständen gab. Der bekannteste ist der Aufstand im Warschauer Ghetto. Du erinnerst dich, dass die Nazis das Ghetto im Sommer 1942 größtenteils von seinen Einwohnern geräumt hatten. Nach den Deportationen schien es wie geschrumpft. Es blieben noch etwa 40 000 Einwohner übrig, die in großen Fabriken für die deutsche Wehrmacht arbeiteten. Es herrschte eine ganz andere Stimmung. Während der Deportationen dachte jeder nur daran, wie er und seine Angehörigen überleben konnten. Im Herbst 1942 hatte ein jeder die schreckliche Realität verstanden: die Deportation, die Umsiedlung in den Osten bedeutete den Tod. So entstand die Idee eines bewaffneten Widerstandes und es wurde eine jüdische Kampforganisation geschaffen, die ein sehr junger Mann von noch nicht einmal 24 Jahren leitete, Mordechai Anieliewicz. Sein Kamerad Marek Edelmann, der Einzige, der heute noch lebt, hat geschrieben: ›Er wusste genau, wie unsere Chancen in diesem ungleichen Kampf standen. Er sah voraus, dass das Ghetto und die kleinen Werkstätten zerstört werden würden. Er war sicher, dass weder er noch seine Kämpfer die Liquidierung des Ghettos überleben würden, dass sie wie die Hunde krepieren und spurlos verschwinden würden, dass man nicht einmal die Stelle ihrer Gräber finden würde.‹

– Aber wie haben sie es denn geschafft zu kämpfen?

– Sie brauchten Waffen. Der polnische Widerstand war jedoch misstrauisch und lieferte ihnen nur sehr wenige. Zuerst zehn Revolver, dann neunundvierzig. Insgesamt etwa sechzig Revolver. Am 18. Januar 1943 betraten die Deutschen das Ghetto. Sie wollten 8000 Juden deportieren. Doch in einer der Marschkolonnen, in der die Deportierten zum Bahnhof geführt wurden, fielen plötzlich Schüsse.

Mehrere Deutsche wurden verwundet oder getötet. Weitere Gruppen schlugen an anderen Stellen des Ghettos ebenso überraschend zu. Daraufhin verzichteten die Deutschen auf die Razzias. Das war ein Sieg für die jüdische Kampforganisation. Die Deutschen wussten nun, dass die Juden das Ghetto nicht mehr freiwillig verlassen würden. Als sie beschlossen, es zu liquidieren, wie es in ihrem Jargon hieß, trafen sie Vorbereitungen wie zu einer richtigen Schlacht. Am 19. April 1943 um zwei Uhr morgens umzingeln Gendarmen und Polizisten das Ghetto. Um fünf Uhr dringen sie in kleinen Gruppen auf die unbebauten Grundstücke rings um das Ghetto vor. Um sieben Uhr marschieren sie in zwei dichten Marschkolonnen in die scheinbar leeren Straßen ein. Die erste Kolonne, die singend marschiert, wird angegriffen und tritt den Rückzug an. Die zweite versucht, im Herzen des Ghettos Stellung zu beziehen. In dem Augenblick eröffnen die Kampfgruppen das Feuer; den Deutschen gelingt es, sich zurückzuziehen. Bei diesem ersten Angriff haben sie zwölf Tote und Verwundete in ihren Reihen. Um vierzehn Uhr ist kein einziger Deutscher mehr im Ghetto. Am nächsten Tag gehen die Kämpfe weiter. Der SS-General, der die Truppen befehligt, hat seine Taktik geändert: er will die Häuser im Ghetto einzeln einnehmen. Doch die Kämpfer, die dieses Viertel wie ihre Westentasche kennen, schießen von den Dächern und aus ihren Verstecken. Drei deutsche Offiziere, die Waffen auf den Boden gerichtet und eine weiße Kokarde im Knopfloch, versuchen, einen Waffenstillstand auszuhandeln, um ihre zwei Toten und acht Verletzten zu evakuieren. Stell dir mal vor, was das für die jungen Kämpfer bedeutet hat. Eine Hand voll ausgehungerter Zivilisten gegen die mächtigste Armee der Welt!

– Aber schließlich haben die Deutschen das Ghetto doch liquidiert!

– Ja. Am dritten Tag dringen die Deutschen in kleinen Gruppen ins Ghetto ein und stecken die Häuser systematisch mit Flammenwerfern in Brand. Noch zwei Wochen etwa gehen die Kämpfe weiter. Am 8. Mai wird das Hauptquartier der jüdischen Kampforganisation umstellt, das in einem befestigten Keller untergebracht ist. Niemand will sich ergeben. Die meisten töten sich selbst, darunter auch der Anführer Mordechai Anieliewicz. Am 16. Mai 1943 lässt der SS-General die große Synagoge von Warschau sprengen und verkündet das Ende des jüdischen Viertels. Und so sind die letzten der 500 000 Juden, die im Ghetto zusammengepfercht gewesen waren, umgekommen.

– Und es gab kein Ghetto mehr!

– Für die Nazis reichte es nicht, die Juden zu vernichten, es mussten auch noch die letzten Spuren ihrer einstigen Anwesenheit ausgelöscht werden. Im Juli 1943 errichteten sie an der Stelle des ehemaligen Ghettos ein kleines Konzentrationslager. Dorthin verlegten sie etwa 3000 Häftlinge von Auschwitz, die alle Besitzgegenstände einsammeln sollten, die die Juden möglicherweise hinterlassen hatten. Vor allem aber sollten sie die Ruinen beiseite räumen. Vom Ghetto sollte keine Spur übrig bleiben. An dem Ort, an dem seit Jahrhunderten Juden gelebt hatten, sollte ein Park entstehen.

Unter rein militärischem Gesichtspunkt, verglichen mit großen Schlachten wie der von Stalingrad, ist der Aufstand im Warschauer Ghetto nur eine Episode. Aber er ist ein wichtiges Symbol des Widerstands, auch wenn am Ende nur der Tod stand.

– Du hast von den einfachen Menschen gesprochen, die Juden geholfen haben. Aber haben denn die großen Mächte nichts unternommen?

– Heute wissen wir, dass die Alliierten, vor allem der Brite Churchill und der Amerikaner Roosevelt über das, was in Polen geschah, unterrichtet wurden. Und zwar aus verschiedenen Quellen. Kuriere des polnischen Widerstands haben Informationen nach London gebracht; der Vertreter des Jüdischen Weltkongresses in Genf, Riegner, hat genau darüber berichtet, was sich in den Vernichtungszentren abspielte. Und doch haben die Alliierten nichts unternehmen wollen oder können, um die Juden zu retten. Aus vielfachen Gründen.

– Welche Gründe waren das?

– Zunächst einmal, weil niemand all die möglicherweise Geretteten aufnehmen wollte; und dann, weil sie meinten, oberstes Ziel sei es, den Krieg zu gewinnen, und nichts dürfe sie davon abbringen. Sie glaubten einfach, dass die Juden mit dem Sieg genauso befreit würden wie die anderen Völker auch!

– Hatten sie denn nicht Recht damit?

– Ja und nein. Denn in Wahrheit gab es zwei Kriege. Einen, den die Nationen mit ihren jeweiligen Armeen gegeneinander führten, und einen anderen, den die Nazis innerhalb des Weltkriegs gegen die Juden führten. Als Hitler merkte, dass er den Krieg verlieren würde, hat er sich dennoch gefreut, denn Europa würde alle seine Juden los sein. Und das wollten die Alliierten, trotz der Informationen, die sie erhielten, nicht sehen. Weder die Sowjets noch die Amerikaner noch die anderen. Das war nicht ihr Problem.

– Und wann haben sie es wirklich verstanden?

– Als die Armeen der Alliierten nach Deutschland einmarschiert sind, haben sie zufällig die Konzentrationslager entdeckt und den Zustand derjenigen, die überlebt hatten: Skelette mit verängstigten Augen.

– Zufällig?

– Ja, aus Zufall. Obwohl die Existenz

der ›alten Lager‹, die schon vor dem Krieg bestanden hatten, bekannt war, und obwohl den ganzen Krieg über, wie ich dir gesagt habe, Informationen durchgesickert waren, hatten die Alliierten nicht geplant, in bevorzugter Weise die Häftlinge aus den Lagern zu befreien. Man hatte sich niemals Gedanken gemacht, in welchem Zustand die dort Eingesperrten wohl sein mochten. Und so sind Häftlinge noch nach ihrer Befreiung gestorben, weil man sie nicht auf geeignete Weise ernährt hat. Eine kurze Zeit lang haben die Amerikaner und die Engländer die Presse dazu ermutigt, über die Schrecken der Konzentrationslager zu berichten.

– Der Konzentrationslager? Du hast mir doch vorhin erklärt, dass der Völkermord nicht in den Konzentrationslagern geschah.

– Du hast Recht. Doch was der Völkermord eigentlich war, ist erst mit der Zeit bewusst geworden. Der erste wichtige Moment dabei war der Prozess gegen Adolf Eichmann, der 1961 in Jerusalem stattfand. Eichmann hatte sich zunächst darauf spezialisiert, die Juden zum Auswandern aus

Österreich und vor Beginn des Weltkrieges aus Prag zu zwingen. Während des Krieges wurde er dann der Verantwortliche für die Deportation. Nach dem Krieg gelang es ihm, heimlich nach Argentinien auszuwandern. Der israelische Geheimdienst hat ihn entdeckt, entführt und in Jerusalem vor Gericht gebracht. Es war ein Prozess mit großem Echo, der mehrere Monate gedauert hat und in dem mehr als hundert Zeugen über alle Phasen des Völkermordes ausgesagt haben. Man kann sagen, dass dies der Moment war, in dem die Welt endlich verstanden hat, was Auschwitz gewesen ist. Es geschah aber erst mehr als fünfzehn Jahre nach den Taten. Erst da hat man begriffen, in welchem Ausmaß die Juden ein ganz eigenes Schicksal gehabt haben.

– Mama, du sagst, dass Eichmann verurteilt wurde. War er denn allein schuldig? Außerdem sagst du manchmal ›die Deutschen‹ und manchmal ›die Nazis‹.

– Gleich nach der deutschen Kapitulation wurde von den vier Mächten, die den Krieg gewonnen hatten, ein sehr großer Prozess organisiert: von den USA, Großbritannien, der Sowjetunion und Frankreich.

Man spricht von den Nürnberger Prozessen, bei denen etwa zwanzig Hauptschuldige verurteilt wurden, das heißt Männer, die zur Führung des NS-Staates gehört hatten. Auch im übrigen Deutschland, das damals von den vier Siegermächten besetzt worden war, fanden zahlreiche Prozesse statt. Man sprach damals von ›Entnazifizierung‹, wobei es sich darum handelte, die alten Nazis aus den führenden Stellungen zu entfernen. Dabei ging es jedoch nur selten um das, was mit den Juden geschehen war. Erst mit dem Eichmann-Prozess hat man begonnen, von den Verbrechen gegen die Juden vor allem im Osten Europas, in Polen und in der Sowjetunion zu sprechen und es wurden juristische Ermittlungen angestellt. Erst vor kurzem hat eine Ausstellung in Deutschland großes Aufsehen erregt, in der es um Verbrechen der deutschen Wehrmacht ging. Lange Zeit haben es die Deutschen in etwa so dargestellt: Auf der einen Seite gab es die Nazis, die für die Massenmorde vor allem an den Juden verantwortlich waren; auf der anderen Seite gab es die deutsche Armee, die in der großen Tradition der preußischen Armee stand und wie jede andere Armee auch nach den Regeln des Kriegsrechts gekämpft hat. Eine ›saubere‹, reine Wehrmacht, die von jedem Einfluss der NS-Ideologie frei geblieben war. Diese Ausstellung hat nun gezeigt, dass auch die Wehrmacht an Massakern mitgewirkt hat.

– Also sind alle Deutschen aus jener Epoche schuldig?

– Nach dem Krieg hat man sich diese Frage gestellt und man stellt sie sich immer noch. Kein Volk ist als Ganzes schuldig. Deutsche, die sich dem Nationalsozialismus widersetzt haben, sind verfolgt worden, wurden in Konzentrationslager eingesperrt oder ins Exil gezwungen. Wie viele andere Länder in Europa war Deutschland vom Antisemitismus durchdrungen, auch wenn die aktiven und mörderischen Antisemiten nur eine Minderheit darstellten. Heute schätzt man, dass etwa 100 000 Deutsche aktiv am Völkermord mitgewirkt haben. Aber was soll man von den anderen denken, die gesehen haben, wie ihre jüdischen Nachbarn verhaftet wurden, und von jenen, die die Deportationszüge gefahren haben? Was vor allem frappiert, ist die ungeheure Gleichgültigkeit der großen Mehrheit der Deutschen.

– Aber Mama, was hatten die Juden denn getan, dass man sie alle töten wollte?

– Nichts hatten sie getan! Wenn ein Mensch zum Opfer wird, stellt man sich oft die Frage, was er getan hat; damit unterstellt man, dass er etwas Böses getan haben muss. Und das Opfer selbst fühlt sich seltsamerweise auch oft schuldig, obwohl es doch nichts getan hat. Das kommt etwa vor bei Frauen, die Opfer einer Vergewaltigung werden. Manche glauben, dass sie mehr oder weniger selbst verantwortlich sind für das, was ihnen zugestoßen ist. Die Nazis warfen den Juden nicht wirklich vor, etwas Verwerfliches getan zu haben, sondern einfach das, was sie waren, nämlich Juden.

– Und woher kommt der Antisemitismus?

– Der Antisemitismus ist schon alt. Für einige ist er gleichzeitig mit dem Judentum vor dreitausend Jahren entstanden. Andere glauben, dass seine Quelle im Christentum liegt. In dem Fall spricht man eher von Antijudaismus. Man wirft den Juden vor allem vor, dass sie nicht anerkennen, dass Jesus der Messias ist, dass sie diese ›frohe Botschaft‹ ablehnen und einer Bekehrung widerstehen. Ja schlimmer noch, man wirft den Juden vor, für den Tod von Jesus verantwortlich zu sein. Diese Schuld ist kollektiv, trifft also alle Juden, und sie ist ewig, denn seit zweitausend Jahren wird sie an jede jüdische Generation weitergegeben. Vor allem im Mittelalter blüht dieser christliche Antijudaismus und lässt alle möglichen Mythen entstehen. Der Jude wird darin eine Art dämonische Gestalt, die mit dem Teufel im Bunde steht. Wenn Europa von einer Pestepidemie heimgesucht wird, dann ist das die Schuld der Juden, die die Brunnen vergiftet haben; man beschuldigt sie auch der Ritualmorde: Jedes Jahr zum Zeitpunkt des jüdischen Osterfestes, ermorden sie angeblich ein christliches Kind, um dessen Blut in das ungesäuerte Brot zu mischen, das sie zu Ostern essen. Zu jener Zeit allerdings, vor allem wenn es große Massaker gab, wie etwa jene, die während der Kreuzzüge stattfanden, war es für einen Juden immerhin möglich, seinem Schicksal zu entgehen, indem er zum Christentum übertrat. Diejenigen aber, die es ablehnten, ihren Glauben zu verraten, wurden dadurch zu Märtyrern, die, wie man sagte, ihr Leben opferten für die Heiligung des Namens, das heißt Gottes.

– Ich sehe da überhaupt keinen Zusammenhang mit Nazi-Deutschland. Hat dieser mittelalterliche Antijudaismus denn angedauert?

– Der Judenhass, der am Ende des 19. Jahrhunderts entstand, war ein neues Phänomen, auch wenn er einige Züge gemeinsam hatte mit dem christlichen Antijudaismus; auch der Begriff dafür, Antisemitismus, war neu. Dieses Wort wurde in Deutschland ›erfunden‹. Wie ich dir ja schon gesagt habe, sind die Juden in Westeuropa zu diesem Zeitpunkt schon emanzipiert und nehmen individuell am wirtschaftlichen und sozialen Leben ihres Landes teil. In Deutschland sind sie nicht sehr zahlreich: etwa 500 000, das macht kaum ein Prozent der Bevölkerung aus. Aber viele haben studiert und sind nun stark präsent in Bereichen, welche die protestantischen oder katholischen Deutschen vernachlässigt haben: Journalismus, Theater, Medizin und sogar in der Politik. Während sich das Land mit großer Geschwindigkeit modernisiert, haben gewisse Intellektuelle Angst vor der Moderne und glauben, dass aus ihr eine große Gefahr für die Zivilisation entstehen kann. Sie verteidigen eine bestimmte Idee von der deutschen Nation, die nach ihrer Auffassung nur aus Germanen bestehen sollte. In dieser Sicht erscheinen die Juden als Fremde, die Deutschland schwächen und verderben. Dieser Antisemitismus wird sehr stark nach der deutschen Niederlage von 1918. Deutschland durchlebt danach eine sehr schwierige Periode. Es fühlt sich gedemütigt durch den Versailler Vertrag, es wird von Arbeitslosigkeit betroffen, die Preise für die wichtigsten Lebensmittel betragen 1923 mehrere Milliarden Mark. Das Geld hat keinen Wert mehr. Für alle diese Missstände macht ein Teil der politischen Rechten die Juden verantwortlich. Deutschland fühlt sich als Opfer eines internationalen jüdischen Komplotts. Auch wenn dieser deutsche Antisemitismus nicht ausreicht, um den Völkermord an den Juden zu erklären, auch wenn Hitlers Antisemitismus von anderer Art war, weil er, wie ich dir erklärt habe, durch die Vernichtung der Juden die Zivilisation retten wollte, so ist er doch ein wesentliches Element dabei.

– Sag mal Mama, aber heute gibt es doch keinen Antisemitismus mehr?

– Es stimmt, dass sich der Antisemitismus in einem Land wie bei uns in Frankreich nicht mehr offen zeigen kann. Das ist übrigens per Gesetz verboten, wie auch jede rassistische Äußerung. Er kann sich aber doch auf verstecktem Wege ausdrücken. So gibt es eine kleine Zahl von Leuten, die gegen alle Wirklichkeit bestreiten, dass die Gaskammern existiert haben. Andere wiederum, die noch zahlreicher sind, glauben, dass sie nur ein ›Detail‹ des Zweiten Weltkriegs waren. Das kaum verhüllte Motiv solcher Äußerungen ist der Antisemitismus. Wenn Auschwitz gar nicht stattgefunden hat, dann kann man ganz ungeniert wieder Antisemit sein.

– Was du mir alles erklärt hast, ist sehr schmerzlich zu hören. Nun haben wir aber doch schon das Jahr 2000 erreicht. Die Juden werden nicht mehr wirklich verfolgt, auch wenn es immer noch Antisemitismus gibt. Ich höre aber oft davon reden, dass man eine ›Pflicht zur Erinnerung‹ hat. Glaubst du denn, dass man diesem historischen Ereignis einen besonderen Platz einräumen muss?

– Erinnere dich an deinen Stammbaum. Als du ihn aufgezeichnet hast, hast du gesehen, dass einige deiner Vorfahren in Auschwitz gestorben sind. Während dein Großvater mütterlicherseits, Aby, oder Anna, deine Großmutter väterlicherseits, auf dem Friedhof Gräber mit ihren Namen haben, zu denen wir gehen, wenn sich ihre Todestage jähren, haben einige deiner Urgroßeltern gar kein Grab. ›Dann habt ihr ein Grab in den Wolken‹, schrieb ein großer Dichter deutscher Sprache, Paul Celan. In unserer Familie zumindest dürfen wir ihre Namen nicht vergessen. Wir müssen die Erinnerung an sie bewahren, denn niemand kommt aus dem Nichts. Ich möchte jedenfalls, dass deine Kinder später einmal, wenn sie ihrerseits einen Stammbaum zeichnen, die Namen ihrer Ururgroßeltern dort hineinschreiben und auch ihren Sterbeort angeben: Auschwitz.

– Die Geschichte geht also die Familien an, die Angehörige in Auschwitz verloren haben?

– Nein. Es ist nicht nur eine Familienangelegenheit. Es ist auch kein Ereignis, das allein die Juden angeht. Auschwitz gehört zur Geschichte Europas. Wenn man darüber nachdenkt, dann ist es vielleicht sogar das europäischste Ereignis der ganzen Geschichte des zwanzigsten Jahrhunderts! Einer Geschichte, die immer noch lebendig ist unter uns, denn einige, die überlebt haben, wie unsere Freundin Berthe, sind noch da. Und doch ist es auch ein Ereignis, das in der Zeit immer ferner rückt. Aber genau wie in einer Familie ist es sehr wichtig, dass die Menschen die Welt kennen, aus der sie stammen.

Warum soll man speziell diese Geschichte untersuchen? Einige glauben, dass das Wissen darüber, was in Auschwitz passiert ist, dazu beiträgt, dass sich so etwas niemals wiederholt. Das ist ein wenig so, wie man früher geglaubt hat, dass der

Krieg von 1914/18 der allerletzte Krieg gewesen sei, dass so etwas nie wieder vorkommen würde, dass es genügt, das erlittene Leid zu zeigen und die jungen Leute wachzurütteln, um sie gegen die Idee immun zu machen, solche Scheußlichkeiten jemals zu begehen. Ich allerdings bin da sehr skeptisch. Ich glaube nicht, dass ein historischer Bericht, der allein auf die Gefühle abzielt, von dauerhafter Wirkung sein kann. Dennoch baue ich weiterhin auf die Vernunft, auf die Wirkung der Einsicht, selbst wenn Auschwitz weithin unerklärbar bleibt.

Die Beschäftigung mit dem Völkermord an den Juden bringt einen durch seine ungeheure Dimension zu einem unerschöpflichen Nachdenken, das alle Aspekte des Lebens und der Geschichte der Menschen berührt. Deshalb auch kommt man immer wieder darauf zurück. Zum Beispiel im zwischenstaatlichen Bereich. Seit dem Zweiten Weltkrieg hat man sehr oft darüber nachgedacht, wie man Verbrechen wie das gegen die Juden verhindern kann, und dadurch hat man das Völkerrecht weiterentwickelt. Heute versucht man, einen ständigen internationalen Gerichtshof zu schaffen, der diejenigen verurteilt, die Verbrechen gegen die Menschlichkeit begehen. Denn noch nach dem Zweiten Weltkrieg war die Einstellung weit verbreitet, dass in seinem eigenen Land jeder tun kann, was er will, dass es allein Sache des internen Rechts sei, Konzentrationslager zu errichten, nationale Minderheiten zu ermorden oder aus dem Land zu vertreiben. Aber nun mehren sich die Stimmen, die nach Möglichkeiten verlangen, in die inneren Angelegenheiten eines Staates einzugreifen. Beim Nachdenken über solche Fragen wiegt die Erinnerung an die Untätigkeit und Gleichgültigkeit der Großmächte gegenüber dem Schicksal der Juden sehr schwer.

Die Beschäftigung mit dem Völkermord erlaubt es auch, über das Funktionieren des modernen Staates nachzudenken. Die Deportation der Juden und ihre Ermordung in den Gaskammern wären nicht möglich gewesen ohne vielfältige Mittäterschaft. Dazu mussten Beamte diverse Register anlegen, verschiedene Polizeidienste Juden festnehmen, andere Beamte die Konzentrationslager einrichten und bewachen lassen, viele Männer die Busse bis zu den Bahnhöfen und andere die Züge bis zu den Vernichtungszentren fahren, ihre Fahrpläne erstellen ... Keiner dieser Männer hatte eine klare Vorstellung davon, in welcher Weise sich seine Arbeit in eine Kette einfügte, die letzten Endes die Tötung von Millionen Menschen bewirkte. Scheinbar hatten sie nichts Böses, sondern einfach nur ihre Arbeit ordentlich getan. Diese Betrachtung gilt natürlich nicht für Leute wie Himmler oder Eichmann: Die wussten genau, was sie taten. Natürlich wäre das auch alles nicht möglich gewesen ohne die Deckung des Krieges. Aber viele waren unwillig oder unfähig, sich einem Vorgang zu widersetzen, den sie nicht unbedingt gewünscht hatten. Beim Prozess gegen Maurice Papon, den Generalsekretär der Präfektur des Departements Gironde, der Erlasse unterschrieben hatte, die die Deportation der Juden aus Bordeaux anordneten, hat man von einem ›bürokratischen Verbrechen‹ gesprochen. Die einfache Unterschrift eines Beamten, der seinem dienstlichen Vorgesetzten gehorcht, kann unter bestimmten Umständen Menschen in den Tod schicken. Und dann auch diese große Gleichgültigkeit, die einem so oft begegnet: die Gleichgültigkeit der Nachbarn ebenso wie die der Großmächte.

Das sind die Fragen, die mir keine Ruhe lassen, die ich zu erhellen hoffe, indem ich Geschichte studiere und unterrichte, und die es, glaube ich, verdienen, dass jeder über sie nachdenkt.